NOUVELLE BIBLIOTHÈQUE THÉATRALE

LE
FINANCIER
ET LE SAVETIER

OPÉRETTE-BOUFFE EN UN ACTE

DE M. HECTOR CRÉMIEUX

Musique de M. Jacques Offenbach

Prix : 50 cent.

BIBLIOTHÈQUE NOUVELLE A 1 FRANC LE VOLUME

FORMAT GRAND IN-16, CARACTÈRES NEUFS, PAPIER SATINÉ

DERNIÈRES NOUVEAUTÉS EN VENTE

H. DE BALZAC......	(OEuvres complètes en 40 volumes), le volume...		1 fr.
Mme É. DE GIRARDIN	Le Vicomte de Launay.................	1 vol.	1 fr.
—	Monsieur le marquis de Pontanges	1 vol.	1 fr.
—	Poésies complètes	1 vol.	1 fr.
GEORGE SAND.....	Mont-Revêche........................	1 vol.	1 fr.
LE Dr LOUIS VÉRON	Mémoires d'un Bourgeois de Paris......	1 vol.	1 fr.
—	Cinq cent mille francs de rente........	1 vol.	1 fr.
ALEX. DUMAS FILS.	Trois Hommes forts..................	1 vol.	1 fr.
—	Le docteur Servans	1 vol.	1 fr.
FRÉDÉRIC SOULIÉ..	La Lionne..........................	1 vol.	1 fr.
ARNOULD FRÉMY...	Les Maîtresses parisiennes...........	1 vol.	1 fr.
MÉRY...........	Une Nuit du Midi...................	1 vol.	1 fr.
LÉON GOZLAN......	La Folle du Logis...................	1 vol.	1 fr.
JULES GÉRARD.....	La Chasse au Lion..................	1 vol.	1 fr.
ALPH. KARR......	Histoires normandes.................	1 vol.	1 fr.

PARIS
LIBRAIRIE NOUVELLE

BOULEVARD DES ITALIENS, 15, EN FACE DE LA MAISON DORÉE

—

1856

CE QUE DOIS, drame en trois actes, en vers, par MM. A. DECOURCELLE
H. DE LACRETELLE. 1 fr.

LE FINANCIER ET LE SAVETIER

OPÉRETTE-BOUFFE EN UN ACTE

DE M. HECTOR CRÉMIEUX

MUSIQUE DE M. JACQUES OFFENBACH

Représentée pour la première fois, sur le théâtre des Bouffes-Parisiens,
le 25 septembre 1856

PERSONNAGES

BELAZOR..........	MM. Pradeau.	PREMIER INVITÉ..	M. Davoust.
LARFAILLOU......	Gerpré.	AUBÉPINE.........	Mlle Dalmont.

La scène se passe dans le salon de Belazor, en 1856, à neuf heures du soir.

PARIS

LIBRAIRIE NOUVELLE

BOULEVARD DES ITALIENS, 15, EN FACE DE LA MAISON DORÉE

Représentation, traduction et reproduction réservées à l'étranger

1856

LE FINANCIER ET LE SAVETIER

SCÈNE PREMIÈRE.

(Au lever du rideau, Belazor entre en mettant ses gants. Il est précédé de son chasseur qui s'arrête à la porte, immobile. Scène muette d'attente. — Belazor s'assoit, regarde sa montre, prend un journal, jette un coup d'œil sur le cours de la Bourse, fredonne en se promenant les mains derrière le dos, se rassoit, tapote du pied le parquet, etc.)

BELAZOR.

Ils sont longs à se rendre à leur devoir, mes invités ! (On entend chanter Larfaillou.) Allons, bien ! il ne me manquait plus que cela pour tromper les ennuis de l'attente !... Chante, gredin, chante !... Ce savetier mélomane ne me fera pas grâce, même le jour de ma fête ! Un jour où je réunis chez moi mes amis et quelques-uns des gros bonnets de la finance !... c'est à lui jeter du persil !... (On entend du bruit à la porte.) Mais qui pénètre si bruyamment sous mes lambris dorés ?... Ce ne peut être que le prince de Chaventru.

SCÈNE II.

BELAZOR, LARFAILLOU.

LARFAILLOU.

C'est moi, m'sieu... Larfaillou, le savetier d'en bas.

BELAZOR.

Quelle audace !

LARFAILLOU.

Vous ne me reconnaissez pas ?

BELAZOR.

Que trop, jeune homme ! que trop ! C'est vous qui chantez vingt-quatre heures par jour ? Que me voulez-vous ? Rétrogradez ! Je n'ai pas le loisir de vous donner audience. J'attends du monde. Pourquoi êtes-vous venu précisément le jour de ma fête ?

LARFAILLOU.

C'est pour ça. (Lui tapant sur le ventre.) Je me suis dit : C'est sa fête, à cet homme ; il ne me refusera pas.

BELAZOR.

Rétrogradez !... Que sollicitez-vous de moi ?

LARFAILLOU.

Ça va peut-être vous étonner... Je voudrais me marier avec votre petite.

BELAZOR.

Ciel ! vous aspirez à la main de mon unique demoiselle !... vous voulez épouser mon Aubépine. Vous avez donc des capitaux ?

LARFAILLOU,

Ah ! ouiche !

BELAZOR.

C'est une chose surprenante. Si vous n'avez rien, pourquoi voulez-vous épouser ma fille ?

LARFAILLOU.

C'est pour ça.

BELAZOR.

Mais, artisan saugrenu, vous la connaissez donc, ma fille ?

LARFAILLOU.

C'est moi que je raccommode sa pension.

BELAZOR.

Mais, malheureux ! vous ne savez donc point qu'elle a des millions de dot ?

LARFAILLOU.

Un peu que je le sais !

BELAZOR.

Et nonante-trois millions d'espérances ! Pourquoi voulez-vous épouser une fille qui a nonante-trois millions d'espérances ?

LARFAILLOU,

Est-il bête ! Mais c'est pour ça, mon p'tit père.
(Il lui tape sur le ventre.)

BELAZOR,

Vous n'êtes pas même un homme bien élevé. Vous parlez un langage tout à fait dépourvu d'élégance.

LARFAILLOU.

C'est parce que je suis mal habillé. Si j'avais des belles frusques, comme vous, je ferais peut-être de belles phrases.

BELAZOR.

Je n'en suis pas convaincu. Vos discours respirent l'incohérence et vous m'en voyez surpris, pour ne pas dire scandalisé. Rétrogadez ! (On frappe bruyamment à la porte de gauche.) J'entends un léger bruit, ce sont mes invités, très-bien. (Voix du premier Invité.) Bonsoir, très-cher et très-riche monsieur Belazor ! (S'adossant à la porte.) N'entrez pas ! je m'habille ! je mets mes gants ! (A Larfaillou.) Rétrogradez, jeune homme ! pour la

dernière fois, rétrogradez! Si l'on vous trouvait ici, que pen-
serait-on de moi? on dirait que vous êtes mon ami intime!

LARFAILLOU, se retirant.

Alors, vous voulez pas?

BELAZOR.

Quoi?

LARFAILLOU.

Pour la petite.

BELAZOR.

Mais non.

LARFAILLOU.

Vous avez ben tort, allez!

BELAZOR, le poussant dehors.

Rétrogradez!

LARFAILLOU.

Dites donc, p'tit vieux, si vous changiez d'idée, faudrait
me le faire dire. Je suis pas fier, moi!

(Il sort.)

BELAZOR.

Va-t'en au diable!

SCÈNE III.

BELAZOR, les Invités.

(Les Invités se ruent sur la scène et serrent les mains de Belazor.)

PREMIER INVITÉ.

Monsieur Belazor, fasse le ciel, à l'occasion de votre fête,
vous conserve-t-il une santé dont nous lui rendons hom-
mage et vos nonante-trois millions qui en sont après vous le
plus bel ornement.

(Les Invités se prosternent sur deux rangs, à droite et à gauche de Belazor.)

BELAZOR, d'un air profondément dégoûté.

Oui, messieurs, je suis riche, passionnément riche; mais
qu'est-ce que la richesse? Peuh! j'ai des amis, beaucoup
d'amis dont la platitude fait mon bonheur. Peuh! le ciel,
qui me veut du bien et à qui j'en veux également, m'a
donné une fille charmante, que vous verrez tout à l'heure;
elle doit me faire une surprise et mon cœur s'en réjouit à
l'avance. Peuh! richesses, considération, bonheur, il ne me
manque rien; et d'ailleurs; s'il me manquait la moindre
chose, je la ferais acheter sur-le-champ; j'en ai le moyen.
Peuh! Et cependant, vous le dirai-je? j'ai une mouche dans
mon lait, un cheveu dans mon potage, un caillou dans mon
escarpin. Cette mouche, ce cheveu, ce caillou, c'est... (Roulade
dans la coulisse.) c'est le voisinage de ce maudit savetier...

Cours dans le cuir, ô mon alène !
Lorsque je chante à perdre haleine,
Cours dans le cuir, ô mon alène !

BELAZOR.

Il a son échoppe au rez-de-chaussée : soixante francs de loyer par an. Vous me direz : Pourquoi ne l'augmentez-vous pas de quinze cents francs?... C'est une chose qui se fait ; mais le traître a un bail de cent trois, cent six ou cent neuf ! Heureusement encore que c'est à ma volonté. Vous l'avouerai-je, messieurs, j'en suis venu à désirer la mort de cet homme. Pour me défaire de lui sans crime et le tuer par la force des choses, voici ce que j'avais imaginé. J'avais lu dans les livres de statistique qu'il meurt à Paris un ou deux savetiers, bon an mal an ; un dans les mauvaises années, deux dans les bonnes. Je me suis dit : Fusionnons toutes les échoppes en un établissement central dont nous confierons la gestion à ce Larfaillou ; lorsqu'il sera le seul et unique savetier de Paris, comme il y meurt au moins un savetier par an, il sera bien forcé de mourir pour obéir aux lois immuables de la statistique. Vous comprenez?

PREMIER INVITÉ.

C'est épatant !

BELAZOR.

J'avais déjà loué, dans la rue de Rivoli, le vaste local où il devait laisser sa peau avant la fin de l'année ; mais l'ingrat n'a pas voulu déménager de ma maison. Peuh ! ce n'est pas tout, et si je vous relatais les propositions qu'il est venu me faire... mais non ! Quittez cette position respectueuse et fatigante, et maintenant que je vous ai fait les honneurs de ma maison, dansez, jouez, dispersez-vous dans les salon. circonvoisins. (Les Invités reviennent.) Voici venir ma fille avec son compliment : prenez une attitude conforme.

SCÈNE IV.

Les Mêmes, AUBÉPINE.

AUBÉPINE, entrant en sautant à la corde.

AIR.

I

Je dormais dedans ma chambre.
Quand une voix me cria :
C'est le quatorze septembre.
La fête de ton papa.
Cette date bienheureuse

Te transporte assurément ;
Cours, en fille affectueuse,
Lui porter ton compliment.

Elle le couronne

II

Alors, on m'a faite belle :
J'ai mis mon beau tablier,
Mon pantalon de dentelle,
Et j'ai monté l'escalier ;
Mais ma plus belle parure,
La voici, certainement :
Une exemple d'écriture
Et mon petit compliment.

(Elle lui donne son compliment.)

Bonjour, papa !

BELAZOR.

En croirai-je mes yeux ? c'est toi, mon enfant ?

AUBÉPINE.

Oui, papa ; tu m'as fait chercher à ma pension.

BELAZOR.

N'importe, mon enfant ; c'est une douce surprise...

AUBÉPINE.

Voilà mon dessin... c'est le maître qui l'a dessiné.

BELAZOR.

Je t'en fais bien mon compliment. Tu as fait de grands progrès. C'est beau comme le daguerréotype. Qu'en pensez-vous, messieurs ?

(Il montre le dessin aux Invités.)

PREMIER INVITÉ.

C'est épatant !

AUBÉPINE.

Maintenant je vais dire ma fable, nà !

BELAZOR.

Une fable ?

AUBÉPINE.

Oui, papa, une fable de La Fontaine, *le Savetier et le Financier*.

BELAZOR, piqué.

Est-ce une personnalité ? (D'un ton personnel.) Pauvre inno-cente ! elle ne sait pas... Monte sur un tabouret.

AUBÉPINE.

Non, j'ai peur de tomber.

BELAZOR.

C'est bien : tu seras toujours à la hauteur de mon cœur.

AUBÉPINE.

La musique est de madame ; les vers ont été rarrangés par la sous-maîtresse.

AIR.

Trop amoureux de la cadence,
Un savetier chantait, et sa folle chanson
Sciait un homme de finance
Qui restait au premier, dans la même maison.

Il faut qu'un bon savetier
Save, save, save, save,
Il faut qu'un bon savetier
Save, save son métier.

Le financier lui dit : Grégoire,
Prenez ces cent écus, gardez-les avec soin ;
Ne les gaspillez pas à boire ;
Conservez-les pour vous en servir au besoin.

C'était un fin financier,
Fine, fine, fine, fine,
C'était un fin financier
Fine, fine, finassier.

Dedans sa cave il les recèle,
Met dessus sa commode et son lit à la fois.
Puis il s'y pose en sentinelle,
Et le voilà qui perd son bonheur et sa voix.

Ses voisins lui disaient tous :
Cave, cave, cave, cave ;
Ses voisins lui disaient tous :
Cave, cave, qu'avez-vous ?

Dix-huit ans après, le pauvre homme
S'en vint dire à celui qu'il ne réveillait plus :
Rendez-moi mes chants et mon somme,
Et, nom d'un p'tit bonhomm' ! gardez vos cent écus :

Ceci nous démontre *que*
Fosse, fosse, fosse, fosse,
Ceci nous démontre *que*
Faut se contenter de peu.

BELAZOR.

Pas un mot de plus ! C'est une inspiration d'en haut !
l'enfant a parlé ! J'ai trouvé le remède ! Merci, bon La Fontaine ! merci !... Mes amis, réjouissez-vous avec moi !

PREMIER INVITÉ.

Pourquoi ?

BELAZOR.

Je n'ai pas de comptes à vous rendre. (Il se met à sauter et à
gambader.) Mais que fais-je ? je me livre devant vous à d'igno-
bles gambades et à des danses indignes d'un homme de
ma gravité. Enfin ! ce qui est fait est fait. Oubliez-le cependant, et observez ce que je vais faire. Une plume ! du
papier ! Écrivez, Aubépine !.. « Monsieur Belazor prie le
nommé Larfaillou... »

AUBÉPINE, à part.

Larfaillou ! ce beau jeune homme qui raccommode les
bottines de l pension...

BELAZOR.

« Monsieur (en toutes lettres) Belazor prie le nommé Larfaillou de lui faire l'honneur de passer chez lui la soirée
du 20 juillet 1856. »

AUBÉPINE, à part.

Oh ! mon cœur !... Sous des dehors enfantins, cachons bien
à mon père la profonde passion que je nourris pour ce simple
artisan.

BELAZOR, au deuxième Invité.

Deuxième Invité; si je ne craignais d'abuser de votre platitude, je vous prierais de porter cette lettre à son adresse.
(Le deuxième Invité sort en courant.) Ce que je fais là n'est peut-être
pas très-vraisemblable! Inviter un savetier! Mais c'est pour
mon repos ; et puis, l'exemple de La Fontaine! La Fontaine...
quelqu'un de vous connaît-il le bon La Fontaine ?

PREMIER INVITÉ.

Je l'ai vu jouer dans une tragédie de Corneille.

BELAZOR.

Et comment l'avez-vous trouvé ?

PREMIER INVITÉ.

Épatant !

SCÈNE V.

LES MÊMES, LARFAILLOU.

(Larfaillou entre en chantant. Il ôte sa pipe et la met sur un meuble.)

LARFAILLOU.

REFRAIN.

Cours dans le cuir, ô mon alène !
Lorsque je chante à perdre haleine,
Cours dans le cuir, ô mon alène !

AUBÉPINE.

C'est lui! cachons ma corde et mon émotion.

BELAZOR.

Soyez tranquilles: il ne chantera bientôt plus. (A Larfaillou.)
Or çà, sire Grégoire...

LARFAILLOU.

Larfaillou.

BELAZOR.

Je sais. Or çà, sire Grégoire, que gagnez-vous par an?

LARFAILLOU.

Par an ? ma foi, m'sieu...

BELAZOR.

Je sais. Eh bien, que gagnez-vous, dites-moi, par journée?

LARFAILLOU.

Tantôt plus, tantôt moins.

BELAZOR.

Je sais... Prenez ces cent écus.

LARFAILLOU.

Hein ?

BELAZOR.

Gardez-les avec soin.

LARFAILLOU.

Pourquoi ?

BELAZOR.

Pour vous en servir au besoin.

LARFAILLOU.

Vous ne me devez rien.

BELAZOR.

Prenez, vous dis-je.

LARFAILLOU.

Ah çà, voyons, est-ce que je vous ai demandé la charité?

BELAZOR.

Prenez, cher Larfaillou... il y va de mon repos.

LARFAILLOU, prenant l'argent.

Pour lors...

BELAZOR.

Je vous les donne, entendez-vous? je vous les donne.

LARFAILLOU.

Merci, monsieur Belazor... (Il chante.) J'ai cent écus !

BELAZOR.

Comment, il chante !

PREMIER INVITÉ.

C'est ép...

BELAZOR.

Je sais... Laissons-le ici : il ne chantera pas longtemps, allez. C'est le chant du cygne. (Ritournelle de danse.) Mes amis, ma fille, on danse dans le salon voisin: portons-y nos pas.

AUBÉPINE, bas à Larfaillou.

Attendez-moi, je reviens.

LARFAILLOU.

Que dit-elle ?... ô mon Dieu !

SCÈNE VI.

LARFAILLOU, AUBÉPINE.

AUBÉPINE, rentrant à la dérobée.

Jeune homme !

LARFAILLOU.

Jeunesse ?

AUBÉPINE.

Qui êtes-vous?... un savetier ou un prince déguisé ?

LARFAILLOU.

Pas prince! pas prince !

AUBÉPINE.

Vous n'êtes pas le prince de Gérolstein ?

LARFAILLOU.

Quéqu' c'est qu' ça ?

AUBÉPNIE.

C'est un prince qui est dans un livre que nous traduisons
à la pension. Quel malheur que vous ne soyez pas prince !

LARFAILLOU.

Ah voui !

DUO.

LARFAILLOU.

Mais autant qu'un prince
Je suis amoureux,
Depuis que j'en pince
Pour vos jolis yeux !

AUBÉPINE.

Ciel! autant qu'un prince
Il est amoureux
Depuis qu'il en pince
Pour mes jolis yeux.

LARFAILLOU.

Soyez ma province,
Mam'selle, et, ma foi !
Vous aurez un prince
Plus heureux qu'un roi.

AUBÉPINE.

Si j'étais province
Je serais à toi ;
Tu serais un prince
Plus heureux qu'un roi.

Aimable jeune homme
Nous fuirions bientôt
Vers le doux royaume
Où l'on s'aime trop !

LARFAILLOU.

Avec ton jeune homme
Tu fuirais bientôt
Vers le doux royaume
Où l'on s'aime trop!

LARFAILLOU.

Pour devenir prince, que faire?

AUBÉPINE.

Dam'! cherchez!

LARFAILLOU.

Si je m'engageais
Dans les zouaves?

AUBÉPINE.

Je ne sais
Qu'un bon moyen pour que mon père
Nous donne son consentement...

LARFAILLOU.

Quoi?

AUBÉPINE.

Devenez follement riche!

LARFAILLOU.

Mais...

AUBÉPINE.

Un gendre follement riche
Le séduirait certainement...

LARFAILLOU.

Devenir riche?... mais comment?

(Il se dirige vers la porte.)

AUBÉPINE.

Que possédez-vous?

LARFAILLOU.

Rien!... ah! si fait, cent écus
Que tout à l'heure j'ai reçus!

AUBÉPINE.

Cent écus!

LARFAILLOU.

Rien de plus!

AUBÉPINE.

C'est une ressource
Que ces cent écus.
Prenez votre course
Et, sans tarder plus,
Courez à la Bourse :
Là, vos cent écus
Deviendront la source
D'un million et plus.

LARFAILLOU.

C'est une ressource
Que mes cent écus.

Un fiacre à la course!
Et, sans tarder plus,
Je cours à la Bourse :
Là, mes cent écus
Deviendront la source
D'un million et plus.
    Un bon
    Million
    Tout rond
    Tout rond !

LARFAILLOU.

Va pour la Bourse, c'est fort bien :
Par malheur, je n'y connais rien !

AUBÉPINE.

Enfant, je serai votre maître ;
Mon papa me l'a fait connaître.
    Ecoutez bien :
Il est ru' Vivienne
Un grand monument
Dont la forme ancienne
Plaît infiniment.
On gravit sans cesse
Son grand escalier ;
La canne se laisse
Aux soins du portier.
Vers la grande salle
Dirigez vos pas :
C'est dans cette halle
Qu'on ne s'entend pas !
Ils sont là soixante
Autour d'un panier
Que ça vous enchante
D'entendre crier.
L'un achète ferme,
L'autre à peine vend,
L'un vous offre à terme,
Et l'autre au comptant.
Méditerranée,
Lyon ou Midi !
Toute la journée
C'est le même cri.
Le Strasbourg s'achète,
L'Orléans se vend,
Nul ne s'inquiète
Pourquoi ni comment ;
Ça hausse ou ça baisse,
Voilà l'important.
Et chacun s'empresse
Dans le mouvement.
On dit que la lune
Agit là-dessus,
Mais on fait fortune
On n'en veut pas plus.
C'est très-rare, en somme,
De s'y ruiner ;
A moins d'être un homme
Qui veut raisonner.
Un fiacre à la course ! etc.

ENSEMBLE.

C'est une ressource, etc.

(Elle sort.

SCÈNE VII.

LARFAILLOU, puis LES INVITÉS.

LARFAILLOU, lui envoyant des baisers.

Oh voui! pour te mériter je serai millionnaire... Mais qu'elle est avancée pour son âge, mon Dieu!

PREMIER INVITÉ.

Messieurs, le moment serait peut-être bien choisi pour jouer un léger lansquenet.

(Les Invités se mettent autour d'une table de jeu.)

LARFAILLOU.

Tiens! la Bourse doit être fermée à minuit! Si, en attendant... Dites donc, m'sieu, vous jouez-t-y pour de bon?

PREMIER INVITÉ.

Mais oui, jeune homme, mais oui.

LARFAILLOU.

Ça me va. Expliquez-moi donc ce jeu-là.

PREMIER INVITÉ.

Rien n'est plus simple : vous retournez les cartes.

LARFAILLOU.

Ça me va.

PREMIER INVITÉ.

Si vous perdez, vous payez.

LARFAILLOU.

Je perdrai pas. (Prenant les cartes.) Je mets trois cents francs.

PREMIER INVITÉ.

Tenu.

LARFAILLOU, retournant les cartes.

Quand j'aurai gagné, vous me le direz, hein?

PREMIER INVITÉ.

C'est fait; voici trois cents francs.

LARFAILLOU.

Six cents!

PREMIER INVITÉ.

Tenu.   (Ils continuent à jouer.)

SCÈNE VIII.

LES MÊMES, BELAZOR.

BELAZOR, s'avançant vers la rampe sans voir Larfaillou.

Quand je vous le disais! je lui ai fermé la bouche radicalement. Savez-vous ce qu'il fait à l'heure qu'il est? il creuse un trou dans la cave pour entasser les cent écus que je lui ai donnés; il ne chantera plus! O divin La Fontaine! je me procurerai les œuvres complètes, les *Fables,* les *Contes,* la tragédie du *Cid!* je ferai tout apprendre à ma fille !

TRIO.

LARFAILLOU.

J'ai-z-un million !
J'ai-z-un vrai million d'argent blanche !
J'ai-z-un million !
Je veux m'habiller le dimanche
Comme un lion.
O saint Crépin, je te renie,
Et pour patron
Prends pour la vie
Saint Emilion !

Les Invités s'avancent vers la rampe, en retournant leurs poches vides.

BELAZOR.

Il a joué ! bonté divine !
Ruiné des gens que j'aimais !
Et dans son ivresse assassine,
Il chante plus fort que jamais !

De ton million
Tu n'as que la première manche.
Attends, mon bon !
Je m'en vais prendre ma revanche
Comme un lion !
Rassurez-vous, je vous en prie ;
Votre million
Ne peut sortir de la maison.

ENSEMBLE.

LARFAILLOU.	**BELAZOR.**
J'ai-z-un million ! etc.	De ton million, etc.

TRIO.

LARFAILLOU.

Allons ! qui veut de mon argent?

BELAZOR.

Banquo !

LARFAILLOU.

Gagné !

PREMIER INVITÉ.

C'est épatant!

LARFAILLOU.

Bon ! deux millions d'argent comptant !

BELAZOR.

Banquo !

LARFAILLOU.

Gagné !

PREMIER INVITÉ.

C'est épatant !

LARFAILLOU.

Quatre millions ! tambour battant !

BELAZOR.

Banquo !

LARFAILLOU.

Gagné !

PREMIER INVITÉ.

C'est épatant !

LARFAILLOU.

Huit millions, messieurs ! c'est tentant !

BELAZOR.

Banquo !

LARFAILLOU.

Gagné !

PREMIER INVITÉ.

C'est épatant !

LARFAILLOU.

Seize millions ! c'est palpitant !

BELAZOR.

Banquo !

LARFAILLOU.

Gagné !

PREMIER INVITÉ.

C'est épatant !

LARFAILLOU.

Allons, messieurs ! allons ! du courage à la poche !
Vous vous découragez pour ces quelques chiffons !

BELAZOR.

Non pas, monsieur, non pas !

                          (Il fait un signe à un domestique.

Germanicus, approche.
Va me chercher le coffre aux trente-deux millions !
Diable ! mais je m'enfile un peu !

LARFAILLOU.

Moi, j'ai de la veine à ce jeu.

              (Le domestique rentre avec le coffre.

ENSEMBLE.

LARFAILLOU.

J'ai des millions, (*bis*)
Mais des vrais millions d'argent blanche !
J'ai des millions,

Je veux m'habiller le dimanche
Comm' deux lions.
O saint Crépin, je te renie,
Et pour patron
Je prends le bon
Saint Emilion.

BELAZOR.

De nos millions
Tu n'as que la première manche ;
Mais nous verrons :
Nous allons faire la revanche
En vrais lions.
Rassurez-vous, je vous en prie ;
Pas un million
Ne sortira de la maison.

LARFAILLOU.

Bigre ! la belle malle ! encore ce coup-ci ;
Mais je veux, si je gagne, avoir la malle aussi ?

BELAZOR.

Ce coffret dans ma famille
Est depuis dix-neuf cents ans :
C'est lui qui berça ma fille
Dedans ses généreux flancs.
Pensez, monsieur, quelle moue
Feront mes nobles aïeux,
En constatant que je joue
Un coffret si précieux !

LARFAILLOU.

Je suis touché de son récit,
Et de pleurs mon œil s'obscurcit.

ENSEMBLE.

Ce coffret dans sa famille, etc.

LARFAILLOU.

Nous ne sommes pas là pour rire... le temps presse !
Voyons, décidez-vous !

BELAZOR.

Eh bien, tout va, la pièce !

LARFAILLOU.

Le coup est très-intéressant !

BELAZOR.

Allons !

LARFAILLOU.

Gagné !

PREMIER INVITÉ.

C'est épatant

BELAZOR.

Ma maison ! un million !

LARFAILLOU.

Vraiment?

BELAZOR.

Allons!

LARFAILLOU.

Gagné!

PREMIER INVITÉ.

C'est épatant!.

LARFAILLOU.

Tiens! tes lunettes à présent?

BELAZOR.

Banquo!

LARFAILLOU.

Gagné!

PREMIER INVITE.

C'est épatant!

LARFAILLOU.

Et puis, ton bel habit flambant?

BELAZOR.

Banquo!

LARFAILLOU.

Gagné!

PREMIER INVITÉ.

C'est épatant!

LARFAILLOU.

Que te reste-t-il maintenant?

BELAZOR.

Plus rien.

LARFAILLOU.

Bonsoir!

PREMIER INVITÉ.

C'est épatant!

BELAZOR.

On peut voir à ma mine
A quel point je gémis
De l'affreuse débine
Où Larfaillou m'a mis...
Ah! si ma fille était ici
Elle en aurait bien du souci!

ENSEMBLE.

BELAZOR.   PREMIER INVITE.

Le jeu, fièvre brûlante,
A causé mon malheur:
Mon âme est languissante
Et j'ai bien mal au cœur!

LARFAILLOU.

Le jeu, fièvre brûlante,
A causé son malheur:
Son âme est languissante;
Il a bien mal au cœur!

LARFAILLOU.

Aboule, les frusques et les lunettes... et tous les attributs de financier. (Il le dépouille de son habit et de ses lunettes. Belazor, anéanti, se laisse faire.) Combien ! avait-il coûté, ton habit?

BELAZOR.

Trois mille francs.

LARFAILLOU.

C'est chaud!

BELAZOR.

C'est en drap.

LARFAILLOU.

Je le vois bien ; mais c'est chaud ! trois mille balles!

BELAZOR.

C'est le prix !

LARFAILLOU.

Où ça?

BELAZOR.

Chez Dusautoy !

LARFAILLOU.

Tu m'en diras tant!

BELAZOR.

Je ne mendierai jamais !

LARFAILLOU.

Je te dis : Tu m'en diras tant!

BELAZOR.

Je n'ai jamais mendié ! (Pendant qu'on le déshabille et que Larfaillou met ses habits.) Si j'avais prévu ce qui m'arrive, j'aurais agi différemment. Ô mes illusions! ô mes millions! j'avais un million d'illusions, et mes millions ne sont plus que des illusions! C'est un grand malheur de s'illusion*nère* quand on est millionnaire. Je suis aussi désillusionné que démillionné! Peut-être retrouverai-je des illusions, mais qui me rendra mes millions?... J'ai froid!

LARFAILLOU.

Mets mes habits, je te les donne.

BELAZOR.

Oh !

LARFAILLOU.

De quoi! Je les ai bien portés, moi qui suis très-riche.

BELAZOR.

Bien obligé, bon jeune homme !...

LARFAILLOU.

C'est une chose particulière, depuis que j'ai revêtu ces habits, je me sens un langage fleuri et de bonnes façons ! — Messieurs mes invités, car vous êtes à moi désormais, souffrez que je témoigne ma munificence en ajoutant comme un couronnement à cette petite fête de famille. Holà ! mes gens ! (Deux laquais paraissent.) Apportez des plateaux et faites couler l'allégresse dans le cristal des coupes. Je veux que ce jour demeure à jamais célèbre dans les fastes de mon existence. A Dieu ne plaise que je renie les épreuves qui ont signalé mes premiers pas dans la carrière de l'industrie lorsque j'étais simple réparateur de la chaussure humaine. Je veux m'en souvenir, mais pour les oublier. Buvez, messieurs, buvez ! je bois à vos sultanes !

BELAZOR.

C'est cocasse, comme depuis que j'ai mis ces frusques-là, j'ai des façons canailles !... Nom de nom ! cré coquin de sort ! savoyard de jeu ! Pas un radis ! La panne et la débine ! Ah ! quelle idée ! si je lui chantais une musique à faire danser les ours. Il m'aboule trois cents francs pour me faire taire. Je lui joue mon rattrapage, je repince mon sac, et allez donc. (Il chante.)

CHANSON.

BELAZOR.

Frappe sur ton empeigne,
Etourdis le quartier,
    Savetier !
Celui qui te dédaigne
Peut-être aura demain
    Ton destin.

LARFAILLOU.

Je connais cet air-là !

BELAZOR.

Il connaît cet air-là !

LARFAILLOU.

Je l'ai chanté déjà.

BELAZOR.

Il l'a chanté déjà.

ENSEMBLE.

Frappe sur ton empeigne, etc.

LARFAILLOU.

Quelle voix harmonieuse est venue me titiller le tube auriculaire ? est-ce la vôtre, bon vieillard ?

BELAZOR.

Ça vous gêne, hein , que je chante? (Il tend la main.)

LARFAILLOU.

Est-ce nature !

PREMIER INVITÉ.

Épatant!

LARFAILLOU, avec bonté.

Non, cela ne me gêne en aucune façon. Chantez! vos chants sont doux; j'aime à les écouter. Et quand même cela me gênerait un peu, quand vous auriez la voix moins mélodieuse, je vous dirais encore : Chantez! La chanson du pauvre, ah! mon Dieu, c'est sa richesse! Ne dépouillons pas celui qui n'a rien. — Deuxième couplet, s'il vous plaît?

BELAZOR.

Cré nom!

(Il chante encore plus faux.)

BELAZOR.

De la chaussure humaine
Tu répares l'affront,
     Gai luron.
Travaille la semaine;
Dimanche tu boiras,
     Chanteras...

LARFAILLOU.

Oui, le bonheur est là!

BELAZOR.

Oui, le bonheur est là!

LARFAILLOU.

Redites-moi cela.

BELAZOR.

Redisons cet air-là.
     Tra la la

ENSEMBLE.

Frappe sur ton empeigne, etc.

LARFAILLOU.

Bien! encore! toujours ainsi!... Ce chant me rappelle mes jeunes années!

BELAZOR.

Quel cancre!... Je l'embête et il aime mieux dire que ça l'amuse que de me donner trois cents francs!... C'est un rêve, n'est-ce pas, mon Dieu!... (Au public.) Jeunes gens! un conseil! Si jamais vous avez nonante-trois millions, ne les jouez pas... O ma fille! ma fille!

SCÈNE IX.

Les Mêmes, AUBÉPINE.

AUBÉPINE.

Me voici, papa... Ah! qu'il est drôle!

BELAZOR.

Enfant, ton père est cruellement raiguisé !

AUBÉPINE.

Est-il vrai ?

BELAZOR.

Plus un radis dans la maison !

AUBÉPINE.

O joie !

BELAZOR.

J'ai bu un bouillon, quoi !

AUBÉPINE.

N'est-ce pas... fol espoir ! êtes-vous bien ruiné sans ressource ?

BELAZOR.

Lessive complète. Et devine un peu qui est-ce qui m'a mis dans le bœuf ?... Larfaillou !

AUBÉPINE.

Lui !... Merci, mon Dieu !

LARFAILLOU.

C'est le cri de la nature ! Bon vieillard, daignez m'accorder quelques instants d'audience. Après avoir nullement réfléchi sur l'inégalité des conditions, j'ai reconnu que le meilleur moyen d'éteindre la misère partout où elle exerce ses rigueurs, et spécialement dans les classes pauvres, serait sans contredit de marier les hommes les plus riches avec les femmes les plus indigentes, et réciproquement. En conséquence, j'ai l'honneur de vous demander la main de mademoiselle votre fille.

AUBÉPINE, dans les bras de Larfaillou.

A lui ! je serais à lui !

BELAZOR.

As-tu fini ! quand je te dis que ça ne se peut pas. (A Larfaillou.) Elle est encore en pension.

LARFAILLOU.

Retirez-la, et je vous en ferai une, de pension, ô mon respectable beau-père !

BELAZOR.

Mais elle n'a que quinze ans.

LARFAILLOU.

Dans vingt années d'ici, elle en aura bien davantage.

BELAZOR.

Tu crois, mon p'tit gengendre.

(Il lui tape sur le ventre.)

LARFAILLOU.

Homme mal mis, rétrogradez! et laissez la jeune fille se prononcer!

AUBÉPINE.

Papa! cher papa! si en attendant vous nous *financiez?*

BELAZOR.

Allons!... soyez *financiés!* êtes-vous contents?

LARFAILLOU.

Ah! mon beau-père! si vous *savetiez* combien je suis eureux!

PREMIER INVITÉ.

C'est épatant!

FINALE.

BELAZOR.

Le financier de La Fontaine
Triompha de Grégoire avec ces cent écus;
Moi, je me suis mis dans la peine:
C'est un fichu moyen que je ne prendrai plus.

AUBEPINE.

Ceci vous démontre *que*
Fosse, fosse, fosse, fosse,
Ceci vous démontre *que*
Faut se méfier du jeu.

ENSEMBLE

Ceci vous démontre que, etc.

FIN

Paris. — IMP. DE LA LIBRAIRIE NOUVELLE. — A. Delcambre. 15, rue Breda.

LE DOCTEUR L. VERON

Mémoires d'un Bourgeois de Paris, 5 vol.; le vol.................. 1 fr.
Cinq cent mille francs de rente, 1 vol. de 384 pages............. 1 fr.

STENDHAL (BEYLE)

La Chartreuse de Parme, 1 vol. de 500 pages.................... 1 fr.
Chroniques et Nouvelles, 1 vol. de 320 pages.................... 1 fr.

PHILARÈTE CHASLES

Souvenirs d'un Médecin, 1 vol. de 320 pages..................... 1 fr.

Mme ÉMILE DE GIRARDIN, T. GAUTIER, SANDEAU, MÉRY

La Croix de Berny, 1 vol. de 320 pages......................... 1 fr.

ALEXANDRE DUMAS FILS

Diane de Lys, 1 vol. de 320 pages.............................. 1 fr.
Le Roman d'une femme, 1 vol. de 400 pages...................... 1 fr.
La Dame aux Perles, 1 vol. de 400 pages........................ 1 fr.
Trois Hommes forts, 1 vol. de 320 pages........................ 1 fr.
Le Docteur Servans, 1 vol. de 300 pages........................ 1 fr.
Le Régent Mustel, 1 vol. de 350 pages.......................... 1 fr.

CHAMPFLEURY

Les Bourgeois de Molinchart, 1 vol. de 320 pages............... 1 fr.

AMÉDÉE ACHARD

La Robe de Nessus, 1 vol. de 320 pages......................... 1 fr.
Belle-Rose, 1 vol. de 560 pages................................ 1 fr.

JULES GÉRARD (LE TUEUR DE LIONS)

La Chasse au Lion, ornée de 12 magnifiques gravures par G. Doré,
  1 vol. de 320 pages.. 1 fr.

MÉRY

Une Nuit du Midi (Scènes de 1815), 1 vol. de 320 pages......... 1 fr.

Mme MANOEL DE GRANDFORT

L'Autre Monde, 1 vol. de 520 pages............................. 1 fr.

LE COMTE DE RAOUSSET-BOULBON

Une Conversion, 1 vol. de 284 pages............................ 1 fr.

LE DOCTEUR FÉLIX MAYNARD

Souvenirs d'un Zouave devant Sébastopol, 1 vol. de 300 pages... 1 fr.

Mme LAFARGE (née MARIE CAPELLE)

Heures de Prison, 1 vol. de 320 pages.......................... 1 fr.

FÉLIX MORNAND

La Vie de Paris, 1 vol. de 320 pages........................... 1 fr.

ARNOULD FRÉMY

Les Maîtresses Parisiennes, 1 vol. de 320 pages................ 1 fr.

MISS EDGEWORTH

Demain, 1 vol... 1 fr.

EUGÈNE CHAPUS

Les Soirées de Chantilly, 1 vol. de 320 pages.................. 1 fr.

Mme ROGER DE BEAUVOIR

Confidences de Mlle Mars, 1 vol. de 520 pages.................. 1 fr.

CH. MARCOTTE DE QUIVIÈRES

Deux Ans en Afrique, 1 vol. de 320 pages....................... 1 fr.

MAXIME DU CAMP

Mémoires d'un Suicidé, 1 vol. de 320 pages..................... 1 fr.

HIPPOLYTE CASTILLE

Histoires de Ménage, 1 vol. de 320 pages....................... 1 fr.

Mme MOLINOS-LAFITTE

L'Education du Foyer, 1 vol. de 300 pages...................... 1 fr.

MOLIÈRE (Œuvres complètes), nouvelle édition, par PHILARÈTE
  CHASLES, 5 vol.; le vol...................................... 1 fr.

NOUVELLE BIBLIOTHÈQUE THÉATRALE

Choix de Pièces nouvelles, format in-12

GEORGE SAND

MAITRE FAVILLA, drame en trois actes. 1 50

LUCIE, comédie en un acte et en prose. . . . . 1 »

COMME IL VOUS PLAIRA, comédie en trois actes et en prose, tirée de Shakspeare. 1 50

FRANÇOISE, comédie en quatre actes et en prose. . . . . 2 »

MADAME ÉMILE DE GIRARDIN

L'ÉCOLE DES JOURNALISTES, comédie en cinq actes et en vers. . . . . . 1 »

JUDITH, tragédie en trois actes . . . 1 »

L. LURINE ET R. DESLANDES

L'AMANT AUX BOUQUETS, comédie en un acte. . . . . » 50

LES FEMMES PEINTES PAR ELLES-MÊMES, comédie en un acte . . » 50

LE CAMP DES RÉVOLTÉES, fantaisie en un acte. . . . . » 50

MADAME ROGER DE BEAUVOIR

LE COIN DU FEU, comédie en un acte. » 50

A. MONNIER ET ED. MARTIN

MADAME D'ORMESSAN S'IL VOUS PLAIT ? comédie en un acte mêlée de couplets » 50

JULES LECOMTE

LE COLLIER, comédie en un acte . . » 50

CLAIRVILLE, LUBIZE ET SIRAUDIN

LA BOURSE AU VILLAGE, vaudeville en un acte. . . . . » 50

H. MONNIER ET J. RENOULT

PEINTRES ET BOURGEOIS, comédie en trois actes et en vers. 1 50

ADRIEN DECOURCELLE

LES AMOURS FORCÉS, pièce en trois actes. . . . . 1 »

MÉRY

MAITRE WOLFRAM, opéra-comique en un acte, par Méry, musique de M. Reyer. . . . . » 50

LÉON GUILLARD

LE MARIAGE A L'ARQUEBUSE, comédie en un acte. . . . . 1 »

LÉON GUILLARD ET ACHILLE BÉZIER

LA STATUETTE D'UN GRAND HOMME, comédie en un acte. . . . . 1 »

L. BEAUVALLET ET A. DE JALLAIS

LE GUETTEUR DE NUIT, opérette-bouffe en un acte . . . . » 50

MICHEL DELAPORTE

TOINETTE ET SON CARABINIER, croquis musical en un acte . . . » 50

L. GUILLARD, A. DESVIGNES.

LE MÉDECIN DE L'AME, drame en cinq actes. . . . . 1 »

A. DECOURCELLE, H. DE LACRETELLE

FAIS CE QUE DOIS, drame en trois actes, en vers. . . . . 1 »